가을은 그저 오는 게 아니다

건강신문사 힐링노래시집

•
•
•

가을은 그저 오는 게 아니다

이임선 시집

건강신문사
www.kksm.co.kr

시인의 말

긴 기다림이었다.
어설픈 첫 경험의 부끄러움에
오랜 시간 선뜻 나서지 못했다
첫 시집
"내 가슴엔 언제나 황색등이 깜박인다"를
출간하고 십수 년이란 긴 시간이 흘렀다
긴 세월 손끝에 "詩"를 부여잡고
가슴으로 품지 못하는
번민과 고뇌의 시간을 보냈다

이제 듣는 대로 이해할 수 있는 나이가 되어 보니
되짚어보고 곰삭혀 듣는 느긋함이 생겼다.
분신 같은 두 번째 시집을 세상 속으로 내보낸다
출간되는 순간부터 이미 내 것이 아닌 내 것
독자들이 나의 이런 고뇌와 사숙私淑으로

가슴 깊은 곳에서 길어 올린 시정詩精에
공감하고 격려와 응원을 해주시면 좋겠다
이런 당돌한 소망의 씨앗을 책갈피에 끼워
따스한 봄날을 기다리며 파종하는
마음을 담아 상재한다

2025년 12월

이임선

차례

1부 허기진 서정

2부 풍경소리 들으며

3부 나룻배

4부 도파민이 흐르는 샘

5부 5월의 노래

1부

허기진 서정

열정

밤사이
대지는 쉼 없이 토악질을 한다
맨몸으로
태양을 맞섰던 한낮의 역류인가

하늘도
끓어오르는 열정을
주체할 수 없었는지
장대비를 퍼붓는다

나도
장대비에
드러낸 가슴을 여미질 못하고 있어

아직도 뜨거운 열정이
남아 있기 때문일 거야

허기진 서정

짙푸른 그리움
그 가운데 홀로 서 있네

푸르름은 후각을 자극하는 향기로
곤궁의 허기는 빈 가슴에 바람으로 스민다

한겹 한겹 벗어버리고 싶다
채워지지 않는 이기심과
식을 줄 모르는 욕망을,
그리하여
부끄러운 나신으로 남고 싶다

바람이 술렁이는 가슴에
봄, 수채화를 그리고 싶다
춘궁의 푸르름이 누렇게 탈색하여도
순수의 미소로 남고 싶다

갈급한 시정에 굶주린
그리움 그 가운데
허기를 채워주는 보리로 남고 싶다

안개 속으로 들어온 아침

눅눅한 시간을 커피향으로 채운다
찻물을 끓이는 사이
잡다한 상념이 흐른다
덩그라니 남은 달력 한 장
일 년이란 시간보다 더한 무게로
각인되는 숫자의 나열

지나쳐 버린 시간은
뒷덜미를 잡고
꽉 막혀오는 답답함에
열어 제친 창 너머로
미처 끄지 못한 수은등이
아쉬움에 습지처럼 누워 있다

때맞춰 안개비는 내리고
스물스물 채워진 카페인은
덕지덕지 달라붙은

꿈들을 털어내고 있다
안개가 걷히는 햇살을 향하여

사색의 창가에서

어스름 저녁
노을빛 물드는 창가에 앉았다

추억 속으로
젖어 드는 가슴에
습관처럼 뜨거운 커피를 삼킨다

피 먹은 노을에
각인되는 옛사랑은
떨쳐버리지 못한 미련 탓인가

어제와 오늘이 교차하는
창가에서 회상하는 옛사랑이
노을속으로 여울진다

겨울 숲 이야기

함박눈이 그친 오후
햇살이 영롱한 설경에 취해
호젓한 산길을 걷고 있다

바람 한 자락 지날 때마다
한 떼의 새들은
푸드득 날개짓을 하고
후드득 몸을 터는 나무들,
가지마다 눈을 지탱하기엔
힘이 부치나 보다

산길을 오르는
사람들의 발자국 소리마다
겨울잠에 취한 낙엽이 부스스 잠을 깬다

나무도 새들도 화답하는 겨울산은
봄맞이할 채비를 서두르는 중

마음이 머무는 그곳에

석양마저 기우는 하늘가
휘어질 듯 부러질 듯
흔들리는 갈대숲 사이로
여정의 희비가 교차 한다

비상을 염원하는
환상은
곡선 비행이고

안주하지 못한
영혼은 서글프게도
어제와 내일의 정점에서
희망을 추스르는데

앞서간 마음만
노을빛으로 투영되는
서녘 하늘을 바라보며
그리운 울음을 삼킨다

이유

풍경은
산바람 그리워 흔들리고

잠자리는
코스모스 유혹에 흔들리는데

속절없는 갈바람에
내 마음 흔들리는 까닭은

그리 다 그리다 만
내 사랑 때문일 거야

찔레꽃

그리움 한 아름
바람 부는 대로 흩뿌려 놓고선
눈물 적시며 지나가는
나그네 맘 향기로 유혹하네.

바람 한 자락 지나가면
삼베적삼 쪽진 머리
울할매 사랑 그립고
향기 한 자락 지나가면
울엄마 젖비린내 코끝 찡하게 한다

밭 일가신 엄니
목 빼고 기다리던 시간
찔레순 꺾어 먹던
달달한 기억은
영원히 못잊을 추억이 되었다

찔레꽃 피는 계절이면
흑백 추억을 찾으러 길을 떠난다
할머니의 무한 사랑을 찾아
어머니 젖 내음 찾아
푸르른 그곳 찔레꽃 피는 언덕

별밤의 환희

별빛이 유난스레 영롱한 밤
샛푸르게 단장한 숲 바다 거닐며
별빛과 동무한다.

쏟아지는 별빛
무딘 감성을 자극하는 풀꽃향기
그 황홀경으로 빠져드는 나

꿈꾸는 밤
산 풀꽃 목소리에
젖어 드는 명상의 시간

그대들은 환희의 꿈을 꾸고
나는 사랑의 밀어를 속삭인다.

목련

바람난 햇살에
메마른 가슴마다
수줍은 듯 몽울 터뜨리는
백치미의 첫정

봉긋이 얼굴 내밀다
어느 결
누렇게 탈색하는
짧은 만남 긴 여운

너와 나의 그 사랑

꽃잎에 나풀거리는 그대

살랑이는 커튼 사이로
파란 하늘이
품 안으로 들어온다.

여름 햇살 그리는
해바라기 되고 파
빈 가슴 부풀리는 노란 갈망

환한 미소 머금은 채
비상하는 나비를 그리며
꽃 향으로 단장하고

바람에 실려 오는 그대 목소리
그리움의 수액인 듯
내 가슴 태울 때

꽃잎에 나풀거리는 그대는

바람 따라 날고 싶은 나비 되어

허공만 맴돌고 있다.

가을밤의 밀어

어스름 지는 밤
별과의 밀어가 지루한 탓인가
공허 속으로 달빛이 들어온다.

은은하지도
고고하지도 않은
오만함을 비웃기라도 하듯이

욕망을 채운
검은 파편들은 현란한 춤사위다
번민하는 의식의 세포들처럼

적막함마저 삼켜버린 밤
쾌락을 향유 하는
나는 밤의 화신

빗속의 아리아

안개비가 내리는 날
간지러운 파문이 이는 호숫가에서
메마른 가슴을 적신다

물빛을 머금은 카페에선
아리아가 흐르고
감미로운 선율은 내 몸을 휘감는다

안개비에 젖어 든
지난날의 몽상은
무채색으로 흩어지고

해묵은 이별의 연서들은
목젖에 걸린 가시처럼
통증으로 남아 처방만 기다린다.

여전히 비는 내리고
아리아는 흐르는데

아카시아 꽃

숲길을 걷다 보면
해밝은 얼굴로 방실거리는
네 얼굴을 보면
내 마음도 생동거린 다

젖내음 같은 태고의 향기로
오가는 발길 멈추게 하고
눈부신 자태로
숱한 나그네 혼절시키는
네 이름은
5월의 꽃, 5월의 나무

뾰족히 내민 성깔
도도한 자태 뒤로 숨기고
우정인 듯, 사랑인 듯
헷갈린 춤사위도
벌 한 마리 휘저으면

가진 것 다 내어주고

푸른 빛 흘리는 눈부신 허상

2부

풍경소리 들으며

내 사람의 온기가 그립다

안개가 자욱한 아침
모닝콜이라며
사랑의 인사를 들려주는 사람

별빛이 기우는 밤
편안한 잠자리 되라며
자장가를 불러 주는 사람

빗소리가 처량한 날에는
행여 마음 젖을까
술친구 하자며 너스레 떠는 사람

허허로운 가을날
빈 가슴 채워준다며
자판기 커피로 다독여 주는 사람

풍경소리 들으며

감빛 하늘 때문에
살랑이는 마음으로 찾아간 절간

산중의 고요를 깨우는 풍경소리
한쪽 다리를 절룩거리며
들뜬 목소리로 반기는 노老보살
언제부터인가 기도보다는
노老보살을 만나는 것이 기쁨이다

절간도 사람 사는 곳인데
무심날은
간간이 울어대는 새소리뿐이라
시나브로 들락거리는 내가
말벗이라도 되는 걸까

마음속 경계를 벗는 것도
마음속 늪으로 빠지는 것도

비우기를 행하지 못한 우둔함일 진데

치열한 생존의 전쟁터에서
삼신三神을 행하지 못하는 공허 속으로
풍경소리만 소용돌이친다

토담 찻집

감물 빛 적삼에서도
팔랑이는 치맛자락에서도,
흙 향이 묻어나는 집 앞에서
멈춰진 발걸음

맑은찻잔 속엔
온화한 미소가 담겨있고
손끝에서는
여인의 고운 숨결이 흐른다

수백리 달려온 여정
묻어나는 정담은
찻물에 띄워져 온몸을 적신다

흙바람이 그리운 날,
솔향이 그리운 날이면
흙으로 입맛 돋우고

차향으로 마음 다지는 그곳으로

또다시 길을 나선다

겨울 저수지

강태공은
세월을 낚는다지만
난 순수를 낚으려 한다

구더기 대신
식어버린 가슴을 낚시바늘에 꿰어
얼음 구멍 속으로 밀어 넣는다

햇살에 반짝이는
빙어의 몸부림처럼
말간 영혼과
얼음을 녹이는 뜨거운 심장을
건지고 싶다

간헐적인 입질에
졸고 있는 강태공의 여유도
막대로 얼음장을 깨려는

아이들의 무모한 용기도
내게는 신선한 충격이다

빙어 낚시를 하러 온
겨울 저수지에서
나를 버리고
나를 찾기 위한
낚시 삼매경이다

봄 마중

겨울 가뭄 끝 단비가 내리니
화원이 왁자지껄하다

목련은 꽃망울 부풀리느라
긴 숨으로 빗물을 머금고
앵두나무는 새순을 뾰족 내밀며
잎새 펼치기에 분주하다

어디선가 노랑나비 한 마리
여릿여릿 높이 날지 못하고
매화 꽃잎에 사뿐히 내려앉는다
이에 갓 초등 손녀의
재잘거림은 봄노래가 된다

아름다운 하모니로 협연하는
자연의 노래는
상큼 발랄 봄의 설레임이다

계절도 손녀도

새로운 출발에 봄비가 축복이다

섬진강의 봄

이른 봄이 보고 싶어
500리 길을 내달렸다

이슬비가 내린 탓인지
안개가 섬진강을 에워싸고 있었지만
봄 햇살에 이내 민낯을 드러낸 다

섬진강물은 은빛 수다로
햇살과 교통하고
바람은 출렁이는 물살로
먹이 찾기에 바쁜 새들에게 말을 건넸다

겨우내 언 땅 헤집고
얼굴 내민 잡초들은
낯선이에게 푸른 손짓을 한다
벚꽃은 몽울 몽울 꽃잎 피우고
매화는 화사한 웃음으로 하늘하늘

심술난 꽃샘바람은
봄의 향연에 훼방꾼으로 기웃거린다

그 속에서 나는 꿈을 꾼다
매화를 닮은 환한 웃음과
푸르게 손 내미는
잡초들의 질긴 희망을 본다
저 멀리 파랑새가 날아오르고 있다

창문이 우는 밤이면

긴 밤 내내
창문을 흔드는 바람이 일렁인 다
바람결 따라
빈 들에서 서걱이는
갈대의 울음소리가
마음을 헤집는 회오리가 되었다

찻물이 끓는 주전자에서
품어대는 수증기를 화두 삼아
도란도란 담소를 나눌
사람의 냄새가 그리운 밤
살아 있음을 실감하던
심장의 떨림은 정지된 지 이미 오래
품 넓은 온기가 그립다

바람 부는 밤
창문을 흔드는 바람 소리에

귀 기울여줄 사람이 그리운 밤
갈대의 서러운 이야기는
하얗게 밤을 밝힌다

골목길 풍경

노부부가
두 손을 꼬옥 잡고
토담 길 골목을 돌아가고 있다

꼬리를 흔들며
뒤따르던 강아지를
돌아보는 눈길엔 따스함이 묻어난다

오랜만에 대하는 풍경이
유년의 기억을 헤집어 놓는다
내 할머니 마실길을
뒤따르던 어린 시절 같기도 하고
내 뒤를 따르던 울 아이들 같기도 한
낯설지 않은 소박함

양지바른 골목 모퉁이에서
비석 치기에 고무줄놀이로

꽁꽁 언 손을 녹여주던 할머니 사랑

그 사랑이 그리워
노부부의 그림자를 밟고 있다
그 사랑을 닮아 가고 있다

어떤 사랑

은하 바다를
건너야 하는 애달픈 만남이었다

갈급한 기다림으로
동서를 이어준 해후는
눈물로 지새우는 하룻밤의 밀어

새초롬한 별빛 아래
까치와 까마귀가 부르는 연가는
견우와 직녀를 위한
사랑의 세레나데

칠월 밤을 울리는 연가는
오작교의 메아리로 흐른다

별빛을 머금은 장미 때문에

밤마다
별빛에 달아오르는 장미 때문에
가시는 속으로 울어야 했다

짓무른 가슴이 아려도
깊은 사랑인 줄 알았다
아파하지도 못한 체
달빛에 차올라 어둠 속에서 울었다

밤마다
그리움이 눈물 되어
울어야 하는 사랑이 옹이가 된 걸까

별이 되어 반짝이는
그대 때문에
밤마다 울어야 하는 내 슬픔

6월이면 보내지 못한 편지를 쓴다

담장에 흐드러진 장미꽃

햇살 환한 날에는
웃음으로 마주하던 행복을
비 오는 날에는
아파서 눈물짓던 슬픔을
안개가 내리는 날엔
영원할 수 없는 우리의 미래를

바람이 부는 날에는
흔들리던 마음의 흔적을
허공에 날려 편지를 쓴다

그에게 보내지 못한
사랑이 홑잎으로 날려도
차마 전하지 못한 사연은
장미꽃으로 피어나

6월이면 편지를 써야만 한다

꽃이 지고
다시 꽃이 피어도
그림자를 드리우는 그리움 때문에

존재의 가치

책상 모서리에 얹어 둔 가방이
와르르 쏟아진다

손때 묻은 휴대용 화장품 케이스
나의 하루를 기록하는 볼펜
통화 중 휘갈긴 메모지들
모두가 소중한 것들이다.

어젯밤
골목 귀퉁이에서
하루살이의 고단함을 토하던 사내나
한쪽 다리를 절며
분리수거용 의류함을 뒤지던 여인이나
가방 속 내용물처럼
쓰임새도 가치도 다르겠지만
그들도 누군가에겐
절실한 존재이겠지

가치를 가늠하지 못해
만물 수집함이 되어버린 가방처럼

바퀴벌레의 독백

그대는
나를 보고 무심하다 한다
나를 보고 지독한 놈이라 한다
나를 보고 번식력만 강하다 한다

그대여
진정 내 삶의 슬픔을 아는가
화학약품이 난무하는 삶의 비애를

그대여
나처럼 한번 살아보라
나처럼 지독한 생존 경쟁을 해보라
나처럼 종족보존의 몸부림을 해보라

그대가
나같이 지독하게 살아남으면
나같이 종족에 애착을 가지면

나같이 세상에 흔들리지 않으면

내가 느끼는 그대의 위대함으로
내가 느끼는 그대의 강인함으로
내가 꿈꾸는 세상을 만들어 갈 것이다

새벽별이 된 벗에게

성하의 계절 꽃잎 하나
별이 되어 훠이훠이 날아오른다

새벽녘 꿈에서
이별이 멀지 않았음을
몸이 먼저 알아차린 것일까
순식간 소름이 쫙 돋고
식은땀으로 온몸이 흠뻑 젖었다

혹독한 병마와 사투를 벌이다
안타까운 마침표를 찍었지
단풍 옷 갈아입을 여지도 없이
만개한 꽃잎 떨구며
작별 인사 나누고자
꿈속으로 찾아왔나 보다

수많은 추억들을

미련 없이 털어내고 훨훨 날아갔는지

새벽하늘
유난히 빛나는 별을 보면
손 흔들며 인사 할께
여기서 나누고 베푼 사랑
다른 세상에서 무한 사랑 받으며
무한 행복으로 채우소서

3부

나룻배

가을사랑

그대에게 보낸 낙엽 편지가
그리움 되어 호수에 담긴 것일까

켜켜로 쌓인 시간들은
추억이란 이름표를 달고
호수엔 수채화를 그리고
하늘엔 별빛이 수를 놓는다

예전에 그랬던 것처럼
말로 다 할 수 없는 이별을
몸짓으로 나누는
그대도 나도 침묵 속으로

야윈 두 팔로 보듬는 별빛
바람 앞에 잠언 하는
그대 이름은 가을

나룻배

인적 드문 어느 강변
그리움의 부산물 되어
나뒹구는 낡은 배
유월의 햇살과 마주하며
화려했던 지난날을 추억하는 걸까

행여 바람이 수면에 스치어도
파문을 일으킬까 숨죽인 채로
보일 듯 말 듯 쓴 미소만 머금고

닳아진 갑판만큼이나
숱한 사연의 바람은
추억 속으로 잊혀지고,
문명에 떠밀린 폐기물인양
세월만 꿰고 있다

그리움 가득한 저 강은

오늘도 나룻배를 품은 채
말없이 흐르는데

내 안의 그대는
시나브로 열정만 충동인다.

아버지의 팽이

잘 마른 나무를
톱으로 쓱싹 쓱싹 자르고
아래쪽은 뾰족하게 다듬고 쇠구슬을 박아
쌩쌩 잘 돌아가게 만든다

위쪽에 일곱 색깔 무지개를 그려
팽이가 돌 때마다
무지개빛 꿈꾸는 세상이 열린다

닥나무에 닥나무껍질을 묶어
만든 팽이채는 잘 돌아가는 팽이에
채찍질하며 끝까지 살아남도록 한다

팽이가 만들어지는 시간 내내
조잘조잘 떠드는 나를 바라보는
아버지의 따뜻한 눈길이 속 깊은 사랑

하늘의 별이 되신 아버지
겨울이 깊어갈수록
세월이 켜켜로 쌓일수록
그 무게만큼 그리움도 쌓인다
영원한 나의 별 아버지

나의 노래

도시의 새들은 대여섯 음으로 노래를 하고
숲속의 새들은 두세음으로 노래를 한다
도심의 공해와 소음 빌딩 숲에 가려져
짝짓기의 인연을 찾는 일이
어렵고 힘든 탓 일게다

숲속에서는 자연이 주는 감동이 더해져
평이한 노래만으로도
이성에게 감동을 주는 모양이다
한때는 편안한 일상에 안주하며
정체된 현실을 자각하지 못하던 시간이 있었지

지금 흔들리는 것도
자연이 변하지 않을 거라 믿었던
우메함 때문인 것을
이제 도심의 새가 되어
음계의 높낮이를 훈련하는 시간

마음의 위안이 되는
사랑의 세레나데를 부르기 위한
목청을 가다듬는 중

나는 지금 잠수 중

어떤 이는
고행의 진실을 보려고 등반을 하고

어떤 이는
정상의 환희를 보려 정복을 한다지

나는 시름을 잊으려
세월의 얼마쯤은 비워두려 한다

내 사람됨의 깊이가 얼마쯤인지
가늠할 수 없기에

내 상처의 깊이가 어디까지인지
드러나지 않기에

부메랑이 된
현실의 무게를 감내하기 위해
나는 지금 잠수 중

별이 되어

세상이 휴면 속으로 침잠한 밤

쳐다보는 이 없어도
한 줄기 빛이 되고 싶다
보일 듯 말 듯
가녀린 빛이어도 별이 되고 싶다

지친 영혼에게
살풋한 희망의 빛

숱한 절망의 늪에서
온기를 전해주는 사랑이 되고 싶다

별이 되어

마음을 흔들던 바람

온밤의 평화를
불청객이 앗아가 버렸다

고요의 창을 흔들던 바람은
신 새벽까지
격정의 몸짓을 그칠 줄 몰랐다

내게도 그런 날이 있었다
어느 때인가
이별의 편지를 받던 그날이었지

무딘 펜으로 휘갈긴 문장마다
묻어나는 얼룩은
떠나야만 했던
그의 아픔이었으리라

준비 없던 이별을

서둘러야 했던 그 밤도,

음울한 울음으로

마음을 흔들던 바람 이었다

낙엽 타는 냄새에 배인 연가

마당 한편에
쌓아둔 나뭇잎을 태우는 날
불쏘시개로 서너 줌
장작불을 지필 요량이었는데
한치의 미련도 없는지
제 몸을 불사르며
말간 하늘가에
끝없는 수다를 풀어 놓는다

젊은 날
관습의 올가미에 묶여
긴 이별의 편지를 보낼 수밖에 없었던 그,
정갈한 문장마다 눈물자국이 선연했었지
그 편지를 태우던 날에도

잊은 줄 알았던 시월의 노래는
연기 속울음으로 번졌었는데

언제부터인가
애써 외면하던 그 사랑이
낙엽 속에서 오소소 고개를 내밀고
슬픈 연가로 귓전에 맴돌고 있다

첫사랑

토닥토닥
베란다에서 들리는 빗소리가
오늘따라 또렷하다

고즈넉한
공간을 노크하는
빗소리와 방금 내린 커피 향이
묘하게 감상속으로 이끈다

단발머리 소녀적
처음으로 손잡았던
까까머리 그 소년도
가끔은 추억여행 하고 있을까

얼굴도 어슴푸레한
실루엣으로 스쳐 지나지만
아련한 추억으로 들쳐 보는 그리움이

꼭꼭 숨겨둔 보물이다

굳이 행방이 궁금하지도 않은,
그 시절 그리움 하나
설레임으로 뒤적거리는 시간이 행복이다
커피 향이 유난히도 향기로운 비요일이다

도시인의 갈망

풀벌레들
아카벨라 하모니가
황홀경인 여름밤

그들의 협연에 방해될까
내내 울던 하늘조차
잠시 울음을 멈추던 날

잿빛 사각의
환각에 빠져든
도시인은 자아를 찾으러 나섰다

흙바람에 세월을 꿰는
토우의 삶을 그리며
초야에 마음을 내려놓고 사색해 본다

사각의 틀에서

잃어버린

나는 어디에 있는지

불혹에서 지천명 사이엔

마흔이 넘으며
지나치면 안 될 것이 참 많아졌다
젊어서는 생각이 모자란 탓이라며
관용이 주어지던 것들이 이젠
어찌 저 모양이냐고 질책이 따른다

지천명을 향하는 지금
나이만큼의 연륜을 소화하지 못해
만성 체증이 되었다
만병통치의 양약도
동의보감의 민간요법도 효험이 없다

다만
미완성의 분신이 애처로워
마른 눈물 삭히는
노모의 헤슥한 얼굴이
가슴 시리게 각인되는 건,

정체되지 않는 번민과

그 속에서 표류하는 연민 때문일 거야

외 줄타기를 하며

한 방울 한 방울
혈류를 따라 생명수가 흐른다

생사의 기로에서
수술과 수혈을 받으며
외줄에만 의지한 목숨

창밖엔
봄비가 어둠을 삼키며
가로수를 적신다

아침햇살이 비치면
이 비를 들이킨 가로수마다
삶의 촉수를 틔우겠지
겨우내 진통을 겪어 왔으니

움을 틔우려 용트림하는 저 나무처럼

혹독한 병마를 견뎌온
내 몸에도 건강이라는
희망의 햇살이 비치겠지

잠 못 드는 사랑

마음 한 자락
그리움으로 채우며 살지만
달그림자 드리우는 창가에 서면
내 마음도 바람이 된다

바람결에 달빛을 사르는
춤사위가 시들해지면
그대 코끝을 간지럽히는 명주바람 될까,
내 그리움의 향기에
그대 취해 잠들면
간절한 이 속삭임 듣지 못할까
발싸심하는 이 밤 확정

내 안의 그대처럼
그대도 나 그리워
불면 하는 바람이 되었을까.

어둠은 달빛 속으로 숨어들고

잠들지 못하는 바람은

허기진 사랑을 하얗게 밝히는데

자화상

햇살 드는 창가에
지친 여자의 얼굴이 반사경이다
무심히 지나쳤던 삶의 흔적이
고스란히 묻어나는 얼굴

그 흔적에 포장하려고
문지르고 두드리며 덧칠을 한다
화장이라는 마술로

열꽃으로 피어난 욕망들이
얼굴에 포진을 하고
허상이 햇살 속으로 흩어진다

허세로 가득 한
현실을 비웃기라도 하듯이

4부

도파민이 흐르는 샘

도파민이 흐르는 샘

사랑을 한다는 건
일상의 나에게
날마다 또 하나의 나를 더하는 일

꽉 짜여진 내 안에
커다란 빈집을 만들고 채우며
날마다 열병을 앓는 일

한 사람의 마음을 얻기 위해
가슴 깊숙이 장작불을 피우고
끙끙대며 가슴앓이를 하는 일

누군가를 사랑한다는 것은
맘 깊은 곳 도파민이 흐르고 흘러
그와 마실 샘을 파는 일이다

삶을 묻는다

가끔은
정갈한 밥상 마주하고
맘 깊숙한 진실까지 소통하는 이와
끝없는 수다로 시간을 죽이기도 하고

하루쯤 유유자적하며
데워진 심장의 온도와 커피 향에 취해
노을빛 물드는 서쪽 하늘을
하염없이 쳐다보기도 하지

사는 게 별거겠어
하루하루 켜켜이 쌓이면
일생이 되고, 역사가 되고
역사책이 되는 거지

그냥
뜨거운 심장으로

희노애락 즐기면 되는 거지
허허 웃으며 눈 감으며 사는 게지

그 남자 & 그 여자

평생을 살면서
가장 중요한 일이 뭐냐고
누군가 내게 묻는다면
단연코"인연"이라고 말한다
거미줄처럼 엮이며 보내는 일생

나이테가 두꺼워질수록
선택받은 인연 혈육
선택한 인연 배우자
사회 속에서 선택의 여지 없이 엮이는 인연
인연 때문에 죽을 만큼 힘든 적도 있었고
의지하며 삶의 희망이 되기도 한다

돌이켜보니
부처님 말씀처럼
모든 것이 나에서 시작이니
"결자해지"하는 마음으로
사람을 관조하는 수양이 부족했다

이순이면
듣는 대로 이해한다고 했던가
오기도 집념도 탐욕도
내려놓고 비우는 법을 깨닫게 된다
나를 찾는 수련의 길을 걷고 있다

10월의 멋진 일탈

일상의 잰걸음으로
숨이 목젖까지 차오를 즈음
단풍이 절정인 설악의 품으로 숨어 들었다

도심의 사각 틈에서 벗어난
일탈의 짜릿함은
벗어나고픈 열망만큼 질주를 한다
가슴 깊숙이 형형색색 바람이 들고 난다
마른 풀잎 향이 온몸을 휘감는다
파노라마로 지나가는 창밖 풍경이 오색향연이다

얽키고 설켜있던 사연들이
허공속으로 흩어진다, 가벼움이다
비어낸 자리에 찬바람이 들기 전
품 넓은 사랑으로 채워야겠다

나 아닌 나로 살아본 이틀

유유자적 놀다 보니
사람은“사랑”이다
내 안에 스며드는 가을볕이 삶의 화두였다.

나를 위한 소나타

문경새재 길을 걷는다
가을을 부르는 비 내린 뒤
수분을 흠뻑 먹은 숲은 짙푸르고
땅은 촉촉이 생기가 넘친다

매미가 막바지 부르는 노래는
구슬픈 음율이 되어 숲으로 스며든다
그 틈 사이 이름 모를 새들의 화음이
허공에 음표를 그린다
가을로 향하는 계절의 시간을 따라
나이테를 그리며 또박또박 걸어간다
또 다른 나이테를 거부하고 싶다

새들도 쉬어간다는 조령까지
땀에 흠뻑 젖으며 걷고 또 걷는 다
내 인내의 한계를 느낀다
힘든 만큼 이리신 호르몬이 춤을 춘다

포기하지 않는 나에게 토닥토닥
계곡의 물소리도 콸콸 응원가를 부른다

항아리 연가

장대비가 쏟아지더니
수년째 비어 있던 항아리에
빗물이 찰랑거린다.

햇살 좋은 날
할머니의 손때가 반들거리고
바람 부는 날엔
어머니의 장맛이 향기로 날리던 시절,
두레반 상에
구수한 된장 맛을 우려냈지만
고인이 되신 할머니의 손길도
쇠잔하신 어머니의 장맛도
입안에서 맴도는 타액일 뿐

언제부터인가
때맞춰 울어대는 뻐꾸기시계처럼
끼니를 채우는 간편식들,

두레반 상 대신
식탁의 편리함이
소박한 온기를 앗아가 버렸다

세상 어디에도
추억 속의 빈 항아리를
채울 줄 사람 없는데

나이테

내 마음
두드리는 빗방울 소리에
당신인 줄 알았습니다

지난여름
격정의 태양을 삭히며
비가 된 당신

갈바람이 손짓할 때마다
잠자리 떼 창공에 수놓을 때마다
당신 발걸음이
가까워짐을 알았습니다

비가 되어 오시는 당신
지친 여심 적시느라 그리 했나요
진정 그 길이
당신이 오시는 길이었나요

황혼의 삶임을 깨달았습니다

우듬지에 매달린 꿈

시월의 햇살을 조롱하는
홍시를 따는 날
아래로 처진 가지는
장대 끝 집게에
저항 없이 백기를 든다

올라 갈수록
딱 그만큼씩,
장대는 무력함을 토로하고
홍시는 한가로이 오수에 드는데

오를수록
더 고독해지는 피라미드
꼭짓점에서 전체를 끌어안을
넓은 품이 되는지 나를 돌아본 다

최고를 꿈꾸는 세상

최고가 되어야 살아가는 현실
언제나 정점에서 맴도는 꿈은
햇살 아래 그림자로 숨어들고

우듬지의 꿈은
갈바람에 흔들리고
홍시는 여전히 유혹의 손짓을 한다

불혹의 초등생

앙증맞은 주름치마
나풀나풀 나르던 시절

검정 고무신 벗어질까
질끈 동여맨 고무줄 자국이
발등 위에 사선으로 남던
개구쟁이 시절 그리워

불혹이란 이름 달고
교정에 다시 서보지만
동무는 간 곳 없고
휑한 운동장엔 흙바람이 반기네

입학식, 그날 그 손수건은
가슴에 선명한데
흑백 영상의 추억들은
종영 없는 영화로 상영 중이다

눈꽃 피는 봄날

차디찬 이별의 입맞춤으로
이슬처럼 사라지는가 했는데

봄소식을 전하는
꽃잎인가 했는데

그리움에 울고 있는 눈물이었어
닫혀진 마음인 줄 알면서
돌아서지 못하는 미련은

이 봄
눈꽃으로 흩날리는
그대 향한 그리움

비 오는 밤의 묵상

늦은 밤
잠자리를 거스르는
빗소리에 창을 열었다

젊은 여인이 우산을 받치고
또 하나의 우산을 든 체
정류장 쪽으로 총총히 사라진다

아마도
님을 마중 나가는 것이겠지
뒷모습이 젊은 날의 자화상이다
온전히 내 사랑을 위해
마중 나가 본 적이 언제였던 가

작은 우산 밑에서
두 어깨가 부딪혀도,
한쪽 어깨가 다 젖어도

세상 다 가진 것처럼
행복했던 시절 있었지

많은 걸 가지고도
우산의 넓이만 한
행복도 느끼지 못하는 지금
순수를 깨우는 빗소리가
마음을 젖게 한다

꽃샘바람 불던 날

화단을 손질하던 날
흙먼지를 일으키는 바람이 맵다
겨우내 묵었던 검불을 걷어내자
손마디 정도의 난초가
유학 간 딸아이처럼 애처롭다

봄바람이 낯선 탓인지
파리한 얼굴에 굳은 표정이다
기숙사로 들어가는
아이의 뒷모습이 저러 했는데

돌풍이 부는 날이면
어미 품 그리워
잠 못 이루지는 않는지
끼니마다 어미 손맛 그리워
맨입으로 지나치진 않는지

봄바람이 힘겨운 난초가
향기로 꽃 피울 즈음이면
아이의 홀로서기도
뿌리 깊은 나무가 되어 있겠지

잡초를 뽑으며

연일 이어지는 장맛비에
손길 닿지 못한 이랑의 잡초는
채소보다 한 뼘 이상 웃자라고 있다

틈나는 대로
눈길 마주할 때마다
뽑아낸 잡초지만 질기기도 하다
정성드린 채소는
빗물에 뭉그러져 초췌한 얼굴인데
무성한 잡초는 햇살을 조롱하듯 푸르다

잡초처럼 살아남을 용기도
채소처럼 뭉그러지지도 못하는
초라한 내 모습은
비 개인 오후 햇살에 실루엣이 되고

때맞춰

콧등을 간지럽히는 실바람이

애살스럽게

마지막 삶을 지탱해 주고 있다

그대에게

청량한 바람 같은 사람이라
희노애락 세상 얘기 나누며
알아갈수록 더 새로운
마주할수록 더 정다운
그런 사랑 당신이고 싶다

세월이 흘러
햇살의 마음과 바람의 열정으로
연리지가 되어
빛바래지 않는 인연이고 싶다

세월이 흐르고 흘러
시린 바람 부는 날
마른 꽃잎 되어 날리며
당신의 길동무여서 행복했다고
바람에 고하는 작별이고 싶다

5부

5월의 노래

낚시터에서

가슴에 낚싯대를 드리우고
월척이 낚아지길 기다리지만
허접한 몽상만 입질을 한다

누군들 시를 낚지 못하랴
머릿속엔 낡은 시어들이
비듬처럼 떨어지고

빙고 놀이에 익숙한 가슴엔
도미노처럼 무너지는
손익계산의 숫자들,
숨을 쉬어도 꿈을 잃어버린 자화상

한 줄의 詩도 건지지 못한
낚시대를 접는 대신
내게 덧붙여진 이름
꼈묵을 버려야 겠다

5월의 노래

밤바람이 그리워
빼꼼히 열어 놓은 창가에 바람이 인다

자정이 지난 지 오랜 시간
말갛게 깨어있는 영혼이
갈망하는 허허로움을
알기나 하는지 저 바람은

간간이 먼 산의
아카시아 향이 묻어나고
개구리 울음소리
소야곡으로 흐르는 5월의 밤

단, 하나
보태고 싶은 이 간절함
신록의 바람 같은 사랑

그 사랑이 그리워

어둠을 밝히며 두 손 모은다

마음 닦는 일

솔숲 길을 천천히 걷다가
데크길을 따라 호수 주변을 돌아간다.
살얼음 아래
쉼 없이 꼬리를 흔드는 피라미들이
먹이다툼에 분주하다.

세심정으로 오르는 중간쯤
태평휴게소가 성업 중이다
동동주와 파전에 솔향이 묻어난다
오장육부가 시원해지는 동동주를
온몸을 닦듯이 천천히 마신다
움츠리던 세포가 일어선다

간간이 老(노) 보살들이
굽은 허리로 총총히 내려간다
부처님 전 가족들의 무사태평을 빌고
가피를 얻었나 보다

익숙한 산사의 풍경이다

마음을 닦는 한나절
산수 수려한 세심정에서
내 맘이 명경지수이다

가을은 그저 오는 게 아니다

티브에 "그 가을 산사"라는 제목으로
청부 언저리 마야사 절이 소개된 적이 있었다
여느 절집보다 부지런히 주변을 가꾸는
주지스님의 모습이 인상적이었다.

넓은 잔디 마당은
격조 높은 정원으로 잘 가꿔져 있고
여기저기 흐드러진 가을꽃들과
감나무엔 올망졸망 주홍빛 감들이
반질반질 윤이 난다

대웅전 지장전 삼성각이 나란히 앉아 있다
자연에 스며들 듯 조화롭다
불자가 아니어도
자주 찾고 싶은 힐링 명소이다

야생화 손질에 바쁜 스님께

절간이 너무 아름답다고 인사를 건네자
"가을은 그저 오는 게 아니다"는
화두 하나 툭 던지고 하던 일에 열중이다

봄부터 쉼 없이 가꾸지 않으면
가을에 거둘 것이 없다는 깨달음이
내 삶의 좌우명이 되었다

청사포 그날

생일이다
인생 반백을 살고 또 강산이 변했다
늘 젊은이라 생각했는데
자식이 태어나고
그 자식이 자식을 낳아 일곱 살이다
숨 가쁘게 사느라 잊고 있던 나이

청춘을 더듬으며 떠난 청사포
해풍에 말리는 미역에서 느끼는 바다 비린내
쪽빛 바다에서 포말로 밀려오는 거친 파도
다릿돌 전망대 아래 아찔한 바다 속
꿈틀거리는 바다, 장어구이는
입안에서 사르르 신세계다.

죽을 만큼 아픈 시간도 있었고
등 돌리고 자존심 겨루던 시간도 있었지만
그때 그때 잘 견뎌냈다.

돌아보니 대견스럽고 기특하다.

지난 시간의 자취가 이정표가 되어
꽃길만 기대하며 돌덩이 같은 욕심 주머니
남해 바다에 던져 버렸다
지금 자리가 소중한 꽃자리다.

가락시장의 새벽

사는 게 지루 하거던
불야성인 밤
시장 사람들을 보거라

집채만 한 짐을 움직이는
차량 사이를 비집고
개미처럼 부지런한 그들을 보거라

휴면인 시간을 거스르며
생동하는 그들에게서
게으른 나를 들여다보거라

굳이 규율을 정하지 않아도
굳이 시간을 정하지 않아도
시장엔 무언의 질서가 숨 쉬고 있다

그들에게서

삶의 지혜와
세상의 순리를 배운다

삶이 무의미 하거던
밤을 움직이는
도매시장엘 가자

원대리 자작나무숲

시월에는 숲으로 가자
구절초 화사한 미소가 마중 나오는
자작나무 숲으로 가자

뚜벅뚜벅 발자국마다
자작자작 나무들의 수다가 들리고
속살로 뿜어내는 나무 향이 싱그러운
자작나무숲으로 가자

휘리릭 바람 한 자락 지날 때마다
툭툭 알밤 터지는 소리가 바리톤이다
톡톡 도토리는 알토로 장단을 맞춘다
다람쥐는 총총 걸음으로 도토리 만찬 중
보라금풍뎅이도 고물고물 기어나온다
고추잠자리는 이 나무 저 나무
선을 그리며 영역을 표시 한다

시월이 주는 풍성함이 축제가 된다
모두 홍에 겨워 춤을 춘다
우리 모두 시월에는
자연이 만든 축제장 숲으로 가자

백화정의 비밀

창백한 얼굴로
은빛 머리칼을 풀어헤치며
바람과 마주 선다

그 옛날
강물에 홀연히 내려앉은
여인들의 한이
아직도 남아 있는 것일까

백마강을 수놓던
숱한 꽃잎들은
낙화암을 핏빛으로 물들이고

의자왕의 깊은 회한은
물빛에 투영되어
창백하게 일렁이고 있다

한 서린 갈대만이
바람결에 서걱이며 운다

덕유산 예찬

청명한 하늘
시원한 갈바람이 유혹하는
하늘 맞닿은 곳으로 떠났다.

더 높이 올라 뭉게구름을 잡아볼까.
하늘과 맞닿은 지평선 끝 발길 머무를 수 있을까.

해발 1641m 고지
말간 하늘이 지리산 천왕봉까지
민낯을 고스란히 보여 준다
참으로 넉넉하고 아름답다

농익은 사랑보다 더 붉은 단풍이
환한 얼굴로 마중 한다
겹겹이 펼쳐지는 봉우리마다
솜털 구름이 걸려 있고
게으른 낮달은

가을 햇살을 맞으며 하품중이다

산을 오르는 하루가
밝게 빛나고 있다

양떼목장의 가을

소확행의 버킷리스트
여행지는 대관령이다
양떼목장을 굳이 10월에 가는 건
초지에서 놀고 있는 양 떼를 만나고 싶어서다

동화 속 양치기 소년 탓일까
양에 대한 친근감과 드넓은 초지의
시원한 가을을 느끼고 싶었다
오색단풍은 덤이다

목장을 한 바퀴 돌아보니
능선을 오르내리며 풀을 뜯는
양 떼들도 생존이 쉽지 않다
세상사 어느 곳이나
녹녹한 건 없다는 생각이다

길 떠날 때는

낯선 곳에 대한 설레임과
호기심으로 보고 느끼고,
돌아올 때는
어떤 깨달음을 얻는다
혜안을 밝히는 시간이다

영일대 해맞이

붉게 떠오르는 해를 보러 떠났다

죽도시장에서
대게와 쥐치, 방어회에
바닷바람을 버무려 묵은해를 보냈다
나름 열심히 일하고
나름 열심히 여행 하며
나를 사랑했으니 아쉬움은 없다

새벽 동이 트기 전이지만
인산인해 불야성이다
먼바다 해안선에서는
새날을 맞이하는 불꽃 세라머니이고
해변 무대에서는 축하공연이 흥겹다

하늘이 열리고
붉은 해가 빛살로 용솟음치고

여기저기 함성이 터진다
어깨가 덩실덩실 춤을 추고 있다
힘찬 기상의 소용돌이가
포말로 번지는 파도와 군무를 이룬다
자연의 찬란한 퍼포먼스에 모두가 주인공이다

멋진 도약의 시작이다
세상에 우뚝 서는 한해를 기원하며
그 가운데 내가 서 있다

꽃길을 걸으며

사월 초순
진해군항제를 코앞에 두고
창원 장복산에 올랐다
걸음걸음 마다 진달래, 벚꽃이
화사하게 웃으며 길을 열어 주었다

봄 산이 그러하듯
모진 추위를 견디고 핀 꽃이라
더 여리여리하고 예쁘다

사람도 그렇다
힘든 일을 겪고 나면
겉으론 온유해도 내공이 쌓여서
외우내강의 처세술을 깨우치게 된다

모든 생명 있는 것들은
스스로 보호본능을 깨우치며 살아간다

힘든 길 걸으며

다시 만나게 되는 꽃길이 희망이다

봄이 식탁으로 왔다

선뜻 나서기 어수선한 시절
바람도 쐬고,
쑥 올라온 쑥도 뜯을 생각이었다
햇볕 좋고 바람도 살랑살랑 부는 날
야외에서 먹을 점심까지 챙겼다

쑥을 뜯기엔 조금 이른 탓인지
한참을 뜯어도 한 줌밖에 되지 않았다
내친김에 씀바귀도 한 줌

양지바른 곳에 탁자를 펴고
물을 끓이는 동안
망중한에 빠져 햇살 바라기로 졸기도 하고
꽃바람과 햇살을 양념으로 넣은
라면 맛은 이 세상맛이 아니었다.

저녁상에는 봄 햇살과 꽃바람으로

버무린 씀바귀 무침과,
들깨 시래기 쑥국이
봄 향으로 집안을 가득 채웠다

자연에서 얻은 먹거리가
따스한 온기로 생동 거린다

펜데믹의 겨울

코끝에 머무는 솔향에 취해
마스크를 훌훌 벗어버리고 싶다

청매 빛 하늘과
잔설이 얼어붙은 순백의 호수는
겨울왕국의 동화속이다

맵사 하게 뺨을 스치는 솔바람
차가운 상쾌함이 느껴지는 겨울이 좋다
천여 년 물을 담은 의림지에
수백 년 묵은 조선 솔의 위엄이 신령스럽다.
휘어지고 어우러지며
서로를 의지한 늠름함이 경건하다

사람들도 어울리며 살아야 하는데
수상한 시절 거리두기 시행이
홀로 아리랑을 부르게 한다

사람의 온기로 기대며 사는 세상

그 시절이 그립다

■ **라이너 노트**

가을은 그저 오는 게 아니다

오인택(시인 · 공학박사)

[이임선 시집 앨범자켓, OST QR 코드]

이 음반은 노래 이전에 먼저 있었던 것은 시간이었다. 쉽게 말해지지 않는 마음들이었고, 오래도록 몸 안에 머물다 끝내 언어로도 음악으로도 정리되지 못한 채 남아 있던 감정들이었다. 이임선의 시는 누군가에게 들려주기 위해 쓰인 문장이 아니라, 살아오며 어쩔 수 없이 남겨진 흔적에 가까웠다. 그래서 이 시들이 노래가 되기로 했을 때, 가장 중요한 것은 무엇을 더 보태느냐가 아니라 무엇을 끝내 덜어 내느냐였다.

첫 곡이 시작되면 우리는 곧바로 결핍과 마주한다. 채워지지 않는 마음, 비워지고 싶은 욕망, 그리고 그 허기 속에서도 끝내 순수로 남고자 하는 태도. 이 결핍은 비극이 아니라 출발점이며, 삶이 스스로를 증명하기 위해 반드시 통과해야 하는 낮고 어두운 문턱처럼 느껴진다. 이 음반은 이 문턱을 성급히 넘어서려 하지 않는다. 오히려 그 앞에 잠시 멈춰 서서, 결핍이라는 상태 자체를 하나의 삶으로 받아들인다.

그 뒤로 이어지는 노래들은 아침의 안개처럼 일상 속으로 스며들고, 찔레꽃의 향기처럼 기억 속으로 되돌아간다. 사랑과 이별, 가족과 시간이라는 이름들은 누구에게나 익숙하지만, 이 음반에서 그것들은 극적인 사건으로 등장하지 않는다. 대신 이미 지나온 감정의 자리에 남아 있는 온기와 무게로 조용히 드러난다. 이 노래들에서 감정은 폭발하지 않고, 울음은 끝내 터지지 않는다. 대신 한 번 지나간 감정이 어떤 형태로 사람 안에 남아 있는지를 오래 바라본다.

여자 솔로 보컬의 목소리는 이 음반의 서사를 하나의

삶으로 묶어 주는 중심이다. 이 목소리는 젊음의 선명함이나 노년의 체념 어디에도 머물지 않는다. 그 사이에서 삶을 견디며 많은 것을 통과해 온 사람의 음색에 가깝다. 사랑을 노래할 때도, 부모를 떠올릴 때도, 병과 생존을 말할 때도 이 목소리는 감정을 앞세우지 않는다. 한 문장을 끝까지 말하고 나서야 비로소 숨을 고르는 방식으로, 듣는 이가 그 문장 사이에 자신의 기억을 겹쳐 놓을 수 있는 여백을 남겨 둔다.

이 음반에서 발라드와 트로트는 명확히 구분되지 않는다. 어떤 곡에서는 한국적인 선율의 결이 조금 더 분명하게 드러나고, 어떤 곡에서는 문학적인 발라드의 호흡이 길게 이어질 뿐이다. 중요한 것은 장르의 이름이 아니라 태도다. 이 노래들은 흥을 돋우기 위해 만들어지지 않았고, 눈물을 끌어내기 위해 배치되지도 않았다. 그저 이미 지나온 시간들을 정직하게 되짚으며, 그 시간들이 지금의 나를 어떻게 만들었는지를 조용히 확인하려는 태도 위에 놓여 있다.

앨범의 후반부로 갈수록 노래는 점점 질문에 가까워

진다. 우리는 왜 이렇게 살아왔는지, 무엇을 준비하지 않으면 결국 아무것도 거둘 수 없는지, 삶의 계절은 정말 저절로 오는 것인지에 대해 스스로에게 묻게 된다. 그리고 이 질문은 어느 순간 하나의 문장으로 정리된다. 가을은 그저 오는 게 아니다. 이 문장은 누군가에게 건네는 교훈이 아니라, 스스로에게 오래도록 되뇌어 온 깨달음이며, 이 음반이 여러 계절과 감정을 통과한 끝에 도달한 가장 단단한 결론처럼 남는다.

마지막에 이르러 이 음반은 더 이상 설명하려 하지 않는다. 떠난 이를 붙잡지도 않고, 남은 이를 위로하겠다고 말하지도 않는다. 누군가는 별이 되고, 누군가는 그 별을 올려다보며 살아간다는 사실을 조용히 받아들일 뿐이다. 음악은 점점 낮아지고, 목소리는 거의 숨처럼 남는다. 이 음반은 그렇게 말을 멈추고, 독자이자 청자의 시간 속으로 천천히 스며든다.

이 노래들은 빠르게 소비되기를 원하지 않는다. 한 곡을 듣고 다음 곡으로 넘기기보다, 한 곡을 듣고 잠시 멈추기를 바란다. 이 음반은 위로를 약속하지 않는다. 다만

이미 위로가 필요했던 시간을 충분히 살아냈다는 사실을 조용히 확인해 줄 뿐이다. 그래서 이 음반은 귀로 듣는 음악이기보다, 마음으로 건너는 계절에 가깝다. 가을이 그저 오지 않듯, 이 노래들 또한 서두르지 않고 준비된 시간만큼 천천히 다가온다.

Track List

1. **허기진 서정**
   작사 이임선 · 작곡 오인택 · 노래 서온(書溫)

2. **안개 속으로 들어온 아침**
   작사 이임선 · 작곡 오인택 · 노래 서온(書溫)

3. **찔레꽃**
   작사 이임선 · 작곡 오인택 · 노래 서온(書溫)

4. **빗속의 아리아**
   작사 이임선 · 작곡 오인택 · 노래 서온(書溫)

5. **내 사람의 온기가 그립다**
   작사 이임선 · 작곡 오인택 · 노래 서온(書溫)

6. **6월이면 보내지 못한 편지를 쓴다**
   작사 이임선 · 작곡 오인택 · 노래 서온(書溫)

7. **아버지의 팽이**
   작사 이임선 · 작곡 오인택 · 노래 서온(書溫)

8. **외 줄타기를 하며**
   작사 이임선 · 작곡 오인택 · 노래 서온(書溫)

9. **가을은 그저 오는 게 아니다**
   작사 이임선 · 작곡 오인택 · 노래 서온(書溫)

10. **별이 되어**
    작사 이임선 · 작곡 오인택 · 노래 서온(書溫)

앨범 크레딧 (Credits)

구분	내용
앨범명	가을은 그저 오는 게 아니다
아티스트	서온(書溫)
형태	프로젝트 아티스트 (시 기반 보컬 프로젝트)
수록곡 수	10 Tracks
가사(작사)	이임선 시집 『가을은 그저 오는 게 아니다』 수록 시 원문 사용
작곡	오인택
보컬 퍼포먼스	서온(書溫)
보컬 형태	AI 기반 사이버 보컬
음악 제작 방식	Generative AI 기반 음악 생성 (창작 보조)
주요 사운드	Melodic Female Vocal · Piano 중심 편곡 · Warm Strings(바이올린/비올라/첼로) · Subtle Acoustic Guitar · Soft Ambient Pad · Long Reverb & Breathing Space(여백) · Instrumental Intro/Interlude/Outro(간주/아웃트로)
비고	본 앨범은 문학 작품을 기반으로 한 노래시집 음반으로, 시의 원문을 훼손하지 않고 음악적 호흡으로 확장한 감상용·기록용 프로젝트임

건강신문사 힐링노래시집

가을은 그저 오는 게 아니다

초판 1쇄 | 2026년 1월 23일

저　자 | 이임선
발행인 | 윤승천
발행처 | (주)건강신문사

등록번호 | 제25100-2010-000016호

주　소 | 서울특별시 은평구 통일로 712-1
전　화 | 02)305-6077(대표)
팩　스 | 02)305-1436

인터넷건강신문 | www.kksm.co.kr
헬스데일리 | www.healthdaily.co.kr
한국의 첨단의술 | www.khtm.co.kr

ISBN 978-89-6267-171-1 (03800)